흩어져 있다

양곡 시집

교음사

序詩

하나가 된다는 것은(一圓相)

그 무엇이든 얽히고설킨 것이 하나가 된다는 것은
좋은 일이다 음陰과 양陽이 하나로 합일슴—하여
깜냥껏 목숨껏 한평생을 살아간다는 것은 좋은 일이다

천지인天·地·人이 하나로 이어져 생명의
기운氣運이 통通한다는 것은
말할 것도 없이 참 좋은 일이다

남南과 북北이 하나로 이어져 통일된 모습으로
세계 무대에 나아간다는 것은 참 좋은 일이다
마음 하나로 평화로운 바다에 도달한다는 것은 더 좋은 일이다

檀君紀元 4358년 乙巳年 봄에
智異山 아래서

松堂山人 多影暘谷 梁日東 謹識

| 휘어져 있다 |
- 차례
- 서문

1부 그리운 신화

갈 수 없는 나라 … 16
꿈길에서 … 17
그리움이 없다면 … 18
여행 … 20
그리운 신화神話 … 21
이제는 하늘에서 놀아보자 … 22
행성처럼 유랑 별처럼 … 24
대한大寒 … 25
불면不眠 … 26
덕산장에 가면 어머니가 계신다 … 27
범학리 3층 석탑 복제 복원 탑 … 28
지리산 … 29
무진정無盡亭에서 … 30
유언遺言 … 32
첫눈 오는 날·2024년 … 33
삶 … 34
옷소매 붉은 끝동 … 35

2부 동지 무렵

허기지다 … 38
지리산 대원사智異山 大源寺 … 39
코로나19(COVID-19) … 40
능소화凌霄花 … 42
우수雨水 … 43
낮달 … 44
단풍·2020년 … 45
동지冬至 무렵 … 46
힌남노 … 47
안부安否 … 48
찔레꽃 … 49
수련睡蓮 … 50
이십 대의 나 … 51
정신을 잃은 사람처럼 … 54
익산 미륵사지益山 彌勒寺址 … 55
폭염경보 … 56
쿡 한번 찔러 본다 … 57

3부 책

책 … 60
책·2 … 62
책·3 … 63
책·4 … 65
책·5 … 66
덕천강·14 … 67
덕천강·15 … 69
덕천강·16 … 70
잘 가시게 … 72
아! 박구경 시인 … 74
산청·함양·거창 민간인 학살사건 … 76
장마 혹은 장맛비 … 78
진주에서 … 79
한참 동안 … 80
익산 왕궁리 유적지 … 81
모란꽃은 지고 … 82
소주를 마시면서 … 83

4부 배롱나무꽃 그늘에 앉아

동의보감촌 … 86
구절초 … 88
들꽃 … 89
나는 외로운 늑대 … 90
배롱나무꽃 그늘에 앉아 … 92
점심 … 93
우슬牛膝 … 94
아프다 … 95
휘어져 있다 … 96
상사화 … 97
환아정換鵝亭 … 98
약속 … 100
카네이션 … 101
베트남 기행·2022년 … 102
덕천강에 눈이 내린다 … 104
목도리 … 105
산 … 106

5부 만둣국을 먹으며

나물이에 다녀오다 … 108
쪽배 … 110
삼각산 길상사三角山 吉祥寺 … 111
만둣국을 먹으며 … 112
아내의 기도 … 114
절망하다 … 115
할미꽃 … 116
유등流燈 … 117
첫사랑 … 118
새벽시장 … 119
선물膳物 … 120
가락지 … 121
군산群山 가서 … 122
하늘에서 내려 주시다 … 123
울릉도에서 … 124
고백告白 … 125
문술 아재 전동차 … 126
청사포靑蛇·淸沙·靑沙浦 … 127
나는 커서 … 128
눈물 … 129
금만초등학교 … 130
배경 화면 … 131

발문跋文 … 132

1

그리운 신화

갈 수 없는 나라

학창 시절 교과서에서 배운 나라 우리나라
육십 평생을 살았는데 아직도
갈 수가 없는 나라 우리나라
어쩌다가 언론을 통해 보면 사람을 잘 죽인다는
신형 무기들만 쳐들고 나타나는 나라 우리나라
참 이상할 만큼 아직도 전쟁이 끝나지 않은 나라
이상한 나라 우리나라 살 만큼은 살아온 내 인생에서
우리나라이면서도 이상하게 갈 수조차 없는 나라
우리나라지만 분명 우리가 가서 살아볼 수가 없는 나라
우리나라, 우리나라 때문에 사람들이 죽고 사람들이
찌들어 살면서 전전긍긍하면서 한평생을
살아내야 하는 나라 우리나라
지구상에 단 하나뿐인 허리가 잘린 나라 우리나라
생각해 보면 기가 막히는 나라 언젠가는 하나가 되어야 할
우리나라 나 태어날 때부터 우리나라이면서도 이제는
가 볼 수도 살아볼 수도 없게 되어가는 나라 우리나라

꿈길에서

숨이 턱턱 막히는 빌딩숲 사이로 길이 나 있어
그 골목길을 따라 한참을 걷고 있어

시간은 벌써 자정을 지난 듯
24시 가게의 불빛이 하나, 둘 거리를 비추고

나의 길은 집을 찾는 길
나의 길은 집을 찾는 길

생각하니 그동안 하루 이틀 걸어온 길이 아닌 길
어제도 오늘도 터벅터벅 홀로 걷는, 하지만 낯선 길

인적 끊긴 밤길을 나 홀로 걸어가는 길
찾아지지 않는 내 집을 허위허위 찾아가는 길

그리움이 없다면

그리움이 없다면 어찌 내가 살아 있다고 말을 하겠나
밥을 먹다가
밥숟갈을 들다가 문득 목이 메게 그리운 사람들

먼저 이승을 떠나신
할머니 어머니 형 아버지
여러 가지 일들에 얽혀서 주마등처럼 스치는 얼굴들

초등학교 저학년 어느 때 나는 어머니와 단둘이 산비탈에 지어놓은 초막에서 염소를 키우며 봄·여름 한 철을 보낸 적이 있다
그때의 내 그리움은 집에서 잠을 자고 집에서 가족들과 모여 밥을 먹는 다른 동무들과 함께 어울리며 노는 일이었다

길을 가다가 덕천강 길을 따라 산책을 하다가
중국 대륙으로, 유럽을, 동남아를
태평양, 대서양을 지나 아메리카로, 아프리카로

푸른 하늘을 보다가 잿빛의 겨울 산을 바라보다가
울컥 치미는, 알 수 없는, 끝도 없는
그리움이 없다면 내가 어찌 살아 있다고, 말을 하겠나

여행

행성에서 행성으로

지구별에서 우주로
우주에서 지구별로

봄날 나뭇가지에서 움이 돋듯
움이 돋아 이파리를 피우듯

유라시아로 시베리아로
아메리카로 아프리카로

내 영혼은 밤마다 유영하듯
우주로 우주로 뻗치나니

남녘에서 북녘으로
북녘에서 남녘으로

행성에서 행성으로

그리운 신화神話

저 푸른 하늘 끝
어데쯤에
그대 나처럼 이렇게 살고 있겠지

연애편지를 주고받던 추억의 골목마다
낙서 가득한 어두컴컴한 골방

인연의 끈이 어긋나
천지사방 하늘과 땅으로 세상은 갈라지고

비가 오는 날이거나 바람이 부는 날
또는 눈발 흩날리는 저녁이면

그대 나타날 듯
그대 사라질 듯

저 하늘 가
어딘가에
그대도 분명 나처럼 이렇게 늙고 있겠지

이제는 하늘에서 놀아보자

이제는 하늘에서 놀아보자
이 지긋지긋한 땅 위에서의 삶을
버리고 하늘에서 보고
하늘에서 생각하고 하늘에서
일하고 하늘에서 잠들자
아침의 출근도
저녁의 퇴근도
이제는 하늘에서 하는 것처럼 해보자
환상의 시간이어도 좋다
상상의 시간이어도 좋다
너무나 뻔한 지상의 일들
너무나 뻔한 하루의 일과日課
너무나 뻔한
그대와 나의 일상
버리고 허공에 던져버리고
어느 날 문득 죽음으로 가서 어두운 강을 건너듯
하늘로 올라가 하늘에서 세상을 보고
하늘에서 땅 위의 사람들을 생각하고
하늘에서 밥을 먹고
하늘에서 술을 마시고

이제는 하늘에서 지상을 굽어살피는
심정으로 글을 읽고 글을 써보자

행성처럼 유랑 별처럼

세상에 한 사람이 태어난다는 것은
깜깜한 우주 속에 행성 하나가 등장하는 것이다

한 사람이 곧 행성 하나다
행성 하나가 있기에 우주가 있다
우주 속의 행성 하나
행성 하나하나로 이루어진 우주

나는 목성 그대는 금성
그대는 지구 나는 불타는 태양
내가 지구이고 그대가 천왕성 해왕성
불타는 태양이면 또 어떠리

한 사람이 살다가 죽는다는 것은 지구 하나가
우주 속으로, 무수한 행성들 속으로 사라지는 것

은하수처럼
떠도는 유랑 별처럼 그대는 떠나고
나는 지구로 남아 이렇게 그대
한없이 그리워하고 있느니

대한 大寒

눈발 희끗희끗
바람 불고
날씨 차갑다

벗과의 점심 약속,
원지로 달려가는 3번 국도
오고 있을 벗의 찻길도

바람 불고
눈발 희끗희끗
날씨 차가울 일이다

불면不眠

우주의 어느 곳에서
누가 울고 있나 보다

누가 밤새워 죽어가고 있나 보다
떠나고 보면 서역 만 리 길
꽃구름을 타고 학처럼 훨훨 날아서
이 밤 우주의 어느 한 곳에서
생각하면 누구나 서러운 목숨
누가 밤 이슥토록 죽어가나 보다
레테의 강을 건너서 어둠을 헤치며
누군가가 안타깝게 아프게 죽어가나 보다

이 밤은 우주의 어느 한 곳에서
누가 서럽게 서럽게 울고 있나 보다

덕산장에 가면 어머니가 계신다

4일 9일 장이 서는 오일장 덕산장에 가면
이십여 년 전에 돌아가신 어머니가 살아 계신다
봄날 갓 나온 쑥이며 머위 취나물 쪽파 등을
장바닥에 깔아놓고 하염없이 사람들을 기다리는
어머니가 계신다. 굽은 등허리로 쭈그리고 앉아
거칠고 굵어진 손가락으로 더덕을 까며
누구네가 어떻고 강 건너 누가 시집 장가를 들었다는
이웃 마을 이야기도 어렴풋이 들으며 아침밥을 거르고
나왔으니 점심때가 되면 오늘 먹어야 할 국밥을
미리 주문해야 하는 어머니가 살아 계신다
떠리미까지 모두 팔고 나면 어서 돌아가야 할
등불을 환하게 밝힌 따뜻한 저녁 집을 생각하며
4일 9일 장이 서는 오일장 덕산장에 가면
추억 속에서는 뻘뻘 땀을 흘리시며 호미로 산 밭을
일구고 계시는 어머니 아직도 어물전 옆에 앉아
천 원짜리 몇 장의 쌈짓돈을 헤아리고 있는
이십여 년 전에 돌아가신 어머니가 여기에 계신다

범학리 3층 석탑 복제 복원 탑

천 년이 다시 흘러 서기 3020년 9월 25일
여기 누가 이 자리에 와서 오늘을 기억해 줄까

날렵한 지붕돌 모서리 기단의 각 면 8부 신중神衆 상륜부도
만들어 붙여 천 년 전의 모양 그대로 푸른 하늘 속에
옮겨 놓느니

앞서 지나간 천 년을 오늘 내가 이렇게 헤아려보듯
다시 천 년이 흐른 뒤, 그 누가 이 자리에 서서

지금의 불심佛心 땀 냄새 숨결 예술 혼魂을 기억해 줄까
'산천은 의구依舊하되 인걸은' 고작 백 년이라 하는데,

* '산천은 의구하되 인걸은': 길재(吉再: 1353년~1419년)의 시조에서 빌려 옴.
* 2020년 9월 25일 산청군에서는 동의보감촌에 범허(호)사지(泛虛(虎)寺址) 또는 범학사지(泛鶴寺址) 3층 석탑(범학리 3층 석탑, 국보 105호)을 섬장암(閃長岩, syenite)으로 복제 복원해서 세웠다.

지리산
- 빨치산과 토벌군

 살기 위해서 싸워야만 하는 사람들과 죽여야만 마음 편히 살아갈 수 있는 사람들이 지리산에 있었다

 살기 위해서는 죽도록 싸워야 하고 싸워서 이겨야만 내가 살 수 있는 지독한 사람들이 지리산에 모여 있었다

 살기 위해서는 골짝으로 굴속으로 낮에는 숨거나 도망을 쳐야 했고 밤이면 능선을 따라 계곡을 따라 달빛 아래 산길을 걸어 보급 투쟁에도 나서야 했다

 죽여야만 조용히 잘 살 수가 있다고 생각한 사람들은 지리산을 쥐 잡듯 이 잡듯 뒤지며 누비며 점점 용맹한 사람들이 되어가고 있었다

무진정無盡亭에서
- 낙화놀이

꽃 지듯 타닥타닥 떨어지는 봄날의 불꽃놀이
여기는 가야의 옛터, 성산산성에서
말이산 고분에서 걸어서 나오신 듯
불꽃이 효자담孝子潭 위를 걸어 다닌다
바람이 불 때마다 불꽃은 불비로 흩날리고
꽃비로 흩날린다
타닥타닥 불타는 소리가
꽃 지는 소리가
잡귀나 악귀들이 도망치는 신음소리로도 들린다
먼 옛날 다함 없이 살고자 했던 사람들의 참뜻은
어디에 있었을까
영원한 목숨이었을까?
권력에의 욕망이었을까? 아니면
이 호수에서 유유자적 배를 타며 바라보는
자연의 신비로운 아름다움과 숲으로 어우러지는
나무들의 한 생애였을까?
불꽃의 생명만큼 꽃비로
불비로 불꽃은 봄날의 허공을 축제로 수를 놓고
여기는 가야의 옛터, 성산산성에서

말이산 고분에서 금방 걸어서 나오신 듯
우수수 불꽃이 무진정 가득 떨어진다

* 무진정無盡亭: 경상남도 유형문화유산 제158호. 중종 때 사헌부 집의와 춘추관 편수관을 역임한 조삼(趙參, 1473~1544)이 기거하던 곳. 1547년(명종 2년) 후손들이 그를 기리기 위해 정자를 세워 그의 호를 따서 무진정이라고 했다.
* 낙화놀이: 경상남도 무형문화유산 제33호. 낙화놀이에 쓰는 낙화봉 제조 방법은 2013년 특허를 취득했다.

유언遺言

헌헌장부로 태어나 많은 사람의 마음에
무거운 짐이 되고 얼룩이 되었다

효도를 미처 못 했고 우애의 손길 또한
미치지 못했다 배움을 주는 사람은
많았으나 그 어느 하나도 제대로
알아채지 못해 몸은 늘 허공을 떠돌았다

날이 맑거나 비 오고 바람 불어
나 잠시 이승에서 머물다 사라지는 인연의
뒷모습만 보일 뿐,

그 누가 날 찾아오는 일 있거든
언제나 푸른, 하늘을 보라
쉬지 않고 변하는 산과 물을 보라

첫눈 오는 날 · 2024년

하얀 눈송이들이 하늘로부터 지상으로 뛰어내렸다
동화 속에서 읽은 천사들이 날아오는 것 같았다
천사들이 정말 이런 모습일까? 누군가에게로 이 감동의 순간을,
이 즐거움을 함께하고 싶은 그 누군가가 마냥 그리워졌다

한 사람에게로 전화를 걸었다, 사실대로 고백을 했다
전화기 속 말소리는, 무슨 말이지? 표정 없이 한참을 듣고 있었다
그러는 사이 첫눈은 그치고 하늘에서 내려오던 동화 속의 천사들은 눈물을 흘리며 다른 세상 속으로 사라지고

전화기를 든 나만 지상에 혼자 남아 말갛게 드러나는
푸른 하늘같이 눈을 쓸어야겠다는 생각이 들었다
부질없는 생각의 부스러기들을 말끔히 치워야겠다는 생각을 했다
법적으로 노인이 되어버린 첫눈이 오는 날·2024년

삶

대한민국 힐링 일 번지

경상남도 산청군 금서면 특리 동의보감촌

석경(石鏡) 앞

박석(薄石) 위

개미 한 무리가

줄을 지어 떼를 지어

어디론지 가고 있다

옷소매 붉은 끝동
- MBC 금·토 드라마

모든 것은 변한다, 지금의
이 산 저 강물 바위도 나무도
길도 바람결도 변한다
살아 있는 것들은 모두 변한다
살아 있는 것들이 모두 변하고 나면
죽음이 온다, 그러나 죽음은 변하지
않는다, 변하지 않는 것은 죽음
뿐이다, 변하지 않는 죽음을
향하여 우리는 지금 변하고
변하면서 모두를 잊어 간다
살아 있는 날들 동안 모두를 잊기 위해
시시각각 변하고 시시각각 변하기에
어제의 나는 오늘의 내가 아니고
오늘의 그대는 내일의 그대가 아니다
모든 것은 변한다, 변하지 않는 것은
죽는다는 사실 하나뿐이다

* 조선 22대 정조(이산: 이준호 역)와 그의 궁녀(의빈 성덕임: 이세영 역)와의 사랑 이야기이다.

2

동지 무렵

허기지다

 함부로 꽃폈던 글발들
시집 묶어 세상에 던져놓고
축하 선물 답례를 받고

갑자기 허기가 몰려온다

썰물 빠져나가는 가슴속
허기를 안고 갯벌 바라보며
투덜투덜 걸어보는 저녁 어스름 바닷가

입안이 쓰다
괜한 말들 쏟아낸 오늘 하루도
참 애지고 막막하긴 마찬가지

밤안개 밀려드는 해안가
머얼리 등대 불빛 하나

아련하다

지리산 대원사智異山 大源寺

반석 따라 우거진 숲 이어진 그늘 길 터벅터벅
걷다 보면 맑고 고운 그대 생각 발길에 채여
피어나는 진달래도 상사화도 못 본 체하네
산왕각山王閣에서 바라보는 앞산 능선 한 일자一字 명당도
한일자 명당자리라 하지만 다층석탑 앞 사리전 수좌들
왼편에서 오른편 가슴으로 품어 안고 흐르는 물길
또한 명당자리 못잖다고 꽃 진 자리마다 단풍들
바람 소리 우르르 몰리는 계곡 길 걸을 때도 아름답고
정갈한 생각 절로 나 그대 한없이 그리워지네

코로나19(COVID-19)

지구 온난화로 남극 북극의 빙하가
녹아내릴 때
바이러스들은 수억 년의 잠에서 깨어나
대륙을 지나
해양을 건너
인류의 문명 깊숙이 잠입을 했다

하늘길을 막아라
찻길을 막아라
모든 생명의 길을 봉쇄하라
사람과 사람이 만나는 길을 차단하라
사회적 거리를 두라
생활 속에 거리를 두라

'전 국민에게 긴급재난지원금을 지급하라
개학을 더 이상 늦춰서는 안 된다
일상생활에 온라인과 오프라인을 병행하고
몸은 떨어져 있어도 마음은 가까이
덕분에 덕분에
스포츠와 공연은 당분간 무관중 경기 무관중 공연으로'

언젠가는 치료 약이 개발되고 백신을 개발하고
전 세계의 확진자 수가 점 점 점 줄어들 때
하늘길을 열고
찻길을 열고, 나라와 나라
마음과 마음 사이의 길도 열어젖히자
이참에 남북통일의 길도 확 열어젖히자

능소화 凌霄花

하늘을 향해 높이 오르는 꽃, 꽃말이나 슬픈 전설조차
잊은 채 까닭도 모르게 피고 지는 꽃들이 더 아름답다
화단이나 정원의 꽃보다는 가꾸는 손길 한번 닿지 않은
길섶이나 묵정밭에 제멋대로 자라는 들꽃이 더 아름답다

도구대陶丘臺 언덕배기에 난양대로 피어난 능소화
기품 있는 양반집 담장 안에서나 겨우 볼 수 있었던 꽃
한때는 선비의 풍류가 서린 어사화임을 일러주는 까닭일까
소리 없이 피었다가 처절하게도 지고 있는 능소화

저렇게 아무렇게나 피어난 꽃이 더 아름답다
화분에 담기지도 않고 장식용으로 쓰이지도 않고
정원에 가꾸지도 않고 선물용으로 포장되지도 않은 채
아무렇게나 피었다가 아무렇게나 시드는 꽃이 더 아름답다

* 도구대陶丘臺: 조선시대 남명 조식 선생의 제자인 도구 이제신(陶丘 李濟臣)이 노닐었다고 전해지는 곳, 경남 산청군 단성면 구만리 태소(苔沼) 앞 지리산대로 상에 약간 훼손된 채 있다.

우수 雨水

우 우 바람 소리 하늘과 땅 사이
우 우 움트는 가지 끝 바람 소리
우 우 산과 들을 뒤흔드는 바람 소리
우 우 바람 소리 바람 소리뿐

봄비는 오지 않고
봄날은 오고 있는 건지?
철 지난 나뭇잎 몇 장
온종일 헐떡이며 마당을 휩쓸고 다니는
우 우 바람 소리 바람 소리뿐

낮달

온 산 단풍 끝에 매달린 늦가을 낮달
나도 좀 보아 달라 손짓을 한다
푸르고 푸른 늦가을 하늘
그야말로 구름 한 점 없이 맑은데
산도들도 울긋불긋 술 마신 듯 술 취한 듯
단풍이 일어 거듭거듭 눈길 유혹하는데
서쪽 하늘 산 끝 겨우 얼굴 내민 낮달
나도 한 번 보아 달라 애원을 한다

단풍 · 2020년

2020년 10월 20일께 왕산·필봉산을 걸어서 내려오는 단풍은

오후 서너 시경 산골짝 산비탈에 내리는 산그늘 같다
여름날의 장마 천둥 번개를 머금은 채 산빛은
붉으락푸르락 총천연색으로 꿈을 꾸듯 번뜩여 오고

덕산 장날 장작 한 짐을 져다 팔고 뒤끼너미재를 넘어오는 중태 아재의 막걸리 서너 잔을 마신 발걸음 같다

사회적 거리두기 1단계의 단풍은, 10월 하순으로 접어드는 단풍은 어디서나 저절로 붉었다 지고, 붉었다 져서는 바람 소리를 가득 품고는 이내 잘 익은 감을 깎아 매달아 놓은 곶감 막 속으로 사라져 갈 것이다

동지冬至 무렵

눈보라가 치는 날은 하루 종일 눈보라를 치듯 가보자
들판이든 산골이든 닥치는 대로 눈보라로 길을 가듯
눈보라를 치며 눈보라를 헤치며 가보자
강가의 가마우지 떼를 쫓으며 피라미 떼들을 찾듯
왜가리며 들판의 독수리 떼들 산골짝의 갈까마귀 떼들
얼어붙는 길목마다 얼어붙은 강물마다 독립군이 만주벌판을 가듯
얼음장 위로 돌팔매를 던지며 팥죽을 쑤며
팥죽을 끓여 모퉁이마다 팥죽을 흩뿌리기도 하면서
하루 종일 들창을 치는 사무실 창문을 두드리는
눈보라 속을 눈보라로 눈보라를 치며 걸어가 보자
저기 저 집에 저기 저 들판에 저기 저 산골짝에
눈 앞을 가리는 뺨을 때리는 살갗을 에는 눈보라가
눈보라를 헤치며 따뜻한 집을 찾듯 눈앞이 캄캄하게
눈보라가 흩날리는 눈보라로 눈보라를 치며 가보자

힌남노

 우리 마을 민 씨는 지루한 장마 끝에 처서가 지나자 칠십 평생에 올 같은 대풍은 못 봤다며 거의 날마다 얼큰하게 막걸리에 취하더니 웬걸 칠십 평생 겪어보지 못한 때늦은 태풍이 온다 해서 대한민국이 온통 벌벌 떨다가 지성이면 감천이라 어떻게 어떻게 태풍은 순하디순한 양떼처럼 폭우 피해만을 남겨두고 지나가з- 태산명동서일필泰山鳴動鼠一匹이라더니 떨어진 알밤 몇 톨 떨어진 땡감 몇 개를 주워들고는 이제 막 목 고개를 넘기는 나락 쓰러지지 않은 것만 해도 어딘가 후! 한숨을 몰아쉬며 사람이란 조그마한 일 하나에도 고마워할 줄 알고 작은 고마움 하나에도 그때그때 고마움을 표할 줄 알며 인생은 좀 넉넉하게 살아 볼 가치가 있다는 듯 장터거리 주막집을 또 들어선다

* 힌남노(HINNAMNOR): 라오스의 국립공원(국립자연보호구역) 이름, '돌나무가시 새싹'을 의미한다고 함. 2022년 9월 6일에 우리나라에 온 제11호 태풍 이름.

안부安否

그간 적조積阻했습니다.
코로나19 시대에 잘 계시는지요?

손주 형설螢雪이도 손녀 지공之功이도
무럭무럭 잘 자라고 있는지요?

살아 있다는 것은 결국 서로 간에
안부를 주고받는 일이란 말씀을 들었습니다.

장마라지만 비는 오지를 않고
연일 무더운 날씨의 연속입니다.

다시 또 뵈올 때까지
부디 강건剛健하시기를…!

찔레꽃

찔레꽃 찔레꽃 하얀 찔레꽃

금천琴川 둑방 길에 줄지어 늘어선 꽃

학교에 가다 오다 들러서 보던 꽃

배가 고플 때는 꽃잎을 따서 먹어보던 꽃

짙은 꽃향기가 머리를 어지럽히던 꽃

아내와 처음 만나던 날 선물로 주고받았던 꽃

올해도 작년에도 하얗게 피어나는 꽃

찔레꽃 찔레꽃 하얀 찔레꽃

금포림琴浦林 언덕길에 줄지어 피어나는 꽃

* 금천琴川, 금포림琴浦林은 경남 산청군 차황면에 있음.

수련睡蓮

지난겨울 황량한 가슴속을 우전雨前차 몇 잔으로
달래던 그니 생각에
연못은 지금 바람도 없고 물소리도 잦아든다
자투리나 버려진 박토薄土에 물길을 열어
지극정성으로 뿌리를 내린 것이
벌써 몇 해를 견뎌왔는가
햇빛 받는 봄날에는 때때로 땅을 덥혀
영양분을 찾고 목숨줄을 이어가며
줄기를 뻗고 여린 잎들을 깜냥껏 피워왔느니
청개구리 몇 마리 겨드랑이에 깃들이기도 하고
잎자루에는 미꾸리도 헤엄치게 했느니
바닥이 진흙이 되는 세월을 견디며
하늘 향해 두 팔 벌려 꽃 피는 시절만을 염원하는
장좌불와長坐不臥로 선정禪定에 들기를 그 몇 차례였든가
빛나는 날에는 세상을 똑바로 보고자 하는 마음
늦게 일어나 일찍 잠드는 그니의 하루처럼
낮에만 잠깐 피었다가
밤이 되면 고요히 묵언정진黙言精進에 든다

이십 대의 나
　-스무 살의 나를 만나다

Ⅰ. 대학에 있었다

칠암동 캠퍼스에서 난생처음 전투경찰대를 만났다
페퍼포그와 짱돌들이 심심찮게 날아다니는 교문을
벗어나 그날은 남강을 건넜다, 입은 옷 신은 신발로
중간쯤 건너자 내 작은 키에는 물이 겨드랑이까지 차올랐다

어깨동무로 스크럼을 짠 채 동방호텔 앞쯤에 다다르자
전투경찰대가 바리케이드를 치고 최루탄을 쏘았다
지나가는 시내버스를 강제로 얻어 타고
자취방으로 숨어 들었다

굶주린 배를 채우고 목욕을 하고
호기심에 차 학교에 갔다, 상황은 모두가 종료되었고
대학가의 막걸리집만 웅성거렸다 대학에서의
나의 스무 살은 이렇게 끝나가고 있었다.

Ⅱ. 병역 복무

학교를 나와 X사단 신병교육대에서
그해 여름은 질기게도 길었다
시멘트 바닥보다도 더 단단한 황토밭을
낮은 포복으로 무릎걸음으로 P.R.I를 하느라 정신이 없었다

민원을 보조하는 보직을 받았다
주민등록등·초본 호적등·초본 신원증명 인감증명
재산증명을 필사하거나 관할 지역에 알리는
통신문을 등사해서 날랐다

나는 학교로 다시 돌아가기 위해
한 끼의 밥은 굶을지라도 한 권의 책은 읽어야 했다
사람을 만나면 나 혼자서 무슨 죄지은 사람처럼
참으로 착하게 순하게 죄인처럼 살아야 했다

Ⅲ. 한 편의 시처럼 살고 싶었다

우연찮게 시인이 되었다, 1984년 제34회 개천예술제
개천문학 신인상 제2회 준당선 양산방
그냥 시처럼 살고 싶었다, 시인이 되든 시인이 안 되든
그냥 한 편의 시처럼 살고 싶었다

나에게는 문학보다는 더 어려운 학문을 위해
젊은 교수님들이 보내는 질타의 눈빛을 받으며
나는 시인의 길을 버리고, 한국 사회의 구성체를
이야기하고 한국 사회의 구조적 모순을 찾아서
몸으로 만나고 몸으로 부닥치기도 해야 했다

두 번의 연행 끝에 나는 모든 희망을 포기한 채
시끄러운 세상에서 대학을 아프게 졸업했다
입학한 지 햇수로 십 년 만이었다, 빠른 사람은
교양과정 강의를 들어오는 고등학교 동기가 있을 때
나는 가까스로 대학 졸업장을 받아 들게 되었다

나의 이십 대는 피지 못한 꽃으로 꽃봉오리만
가득한 채 대학을 졸업했다 갈 곳 없는 나그네처럼
후배들이 졸업식장에도 참석 못한 나를, 나의 이십 대를
졸업장을 찾아다 갖다주어서 졸업을 했다

정신을 잃은 사람처럼

 정신을 잃은 사람처럼 세상이 미쳐 날뛰던 시절, 나는 독서에 미치고 그리움에 미치고 별들에게 미쳤다 하루 세 끼 밥을 먹는 것보다 책을 읽는 것이 더 좋았고 화학방정식을 푸는 것보다 미분적분학연습을 읽는 것보다 해질녘 둑방길 하루치의 노을이 지는 잔잔한 그리움이 더 좋았다 한 편의 시를 읽고 한 줄의 연애편지를 적는 것이 더 적성에 맞는다고 막연히 생각했다 연애편지를 쓰는 대상은 항상 많았지만 거의 전부는 부치지 않은 채 아침이면 군불구덩이 속으로 들어갔고 낮이 되면 우체부가 오기만을 기다리다가 어쩌다 보낸 편지가 주소불명 빨간 도장이 찍힌 채 돌아오는 편지를 바람 부는 저물녘이면 받아들곤 했다 오지 않는 편지들을 기다리는 일에 점점 익숙해질 무렵, 밤마다 어둠에 취한 산짐승처럼 정신을 잃은 사람처럼 그리움에 미치고 별빛에 미치고 술에 취해서 칠흑에 묻힌 산마을을 나 홀로 천방지축 날뛰기 시작했다

익산 미륵사지 益山 彌勒寺址

폐허의 자리가 이렇게 장엄하게 펼쳐지다니
이 넓은 터에 절 하나를 세웠었다니
맨 처음 이 터에 절을 세우기로 마음을 연 사람은
도대체 어떤 사람이며 어떤 생각을 가졌을까?

무왕과 선화공주의
사랑 이야기가
이렇게 광대무변한 땅,
용화산龍華山 아래 펼쳐지다니

좌평佐平 사택적덕沙宅積德의 따님은
절을 세우기로 마음을 내고, 동·서 두 탑을 세우고
무왕의 아들 의자왕은 비로소 백제를 잃는
비운의 왕이 되고,

56억 7천만 년 뒤에 오는 미륵 세상을
기약하며 미륵사彌勒寺를 세우나니
사랑의 힘은 그 무엇도 이루어내고 원願을 세우면
그 원에 따라 세상은 기필코 이루어지나니

폭염경보

덥다 '폭염경보 지속 중 무더위 시간대
14~17시까지는 야외활동을 자제하고
나 홀로 작업 금지 충분한 수분 섭취
햇볕 차단하기 등 건강관리에 유의바랍니다'
연일 휴대전화로 안전 안내문자가 날아온다
집에 있어도 더울 뿐 에어컨은 솔직히
전기세가 무서워서 잘 켜지도 못하고 선풍기는
시끄럽다 돌려도 더운 바람이라 시원치 않다
섭씨 26도 씨가 넘는 밤을 열대야라 한다는데
밤에도 열대야로 잠을 이룰 수가 없다
낮에는 낮대로 모두가 그냥 비몽사몽 간
늘어진다 기후 위기
세상이 온통 찜통 속이다

쿡 한번 찔러 본다

자다가
여보! 하며 쿡 한번 찔러 본다

아침 식탁에 앉아
다가올 오늘 하루를 쿡 한번 찔러 본다

일터에서 무심코
하늘을 보다가 하루의 낌새를 쿡 한번 찔러 본다

잠들기 전에
오늘 하루도 안녕했다고 쿡 한번 찔러 본다

책

날마다 배달되어 오는 책들을 아내는
이제는 책 좀 오지 않게 해달란다 집계를
해보지는 않았지만 한 달에 스무 권은 넘게
부쳐져 오는 것 같다 작은 집에 좁은 방 안에
보관할 수가 없어서 그동안 내버린 책만도
헤아릴 수 없는 책들을, 나는 전부를
못 읽어도 전부를 읽으려고 늘 씨름을 한다
방 안 구석구석이 언제나 너절하다

책의 갈피갈피 마다에는 저자의 숨결이 배어 있다
처음에는 못 느낄 때도 차분히 내 생각을 비우고
나의 마음을 몸의 아래로 내린 채 읽기 시작하면
어느 책 무슨 책이든 글쓴이의 배어나는 심혈이
나는 늘 고맙고 즐겁고 아름답고 눈물겹다

안개 속에서 책을 읽으면 책 속에 길이 보인다
비가 오는 날 책을 읽으면
비행기가 나는 푸른 하늘이 보이고 햇빛 쨍쨍한
바닷가도 보인다 눈이라도 펑펑 오는 겨울날
사방으로 뻗친 길들이 눈 속에 파묻혀 오도 가도 못할 때

책을 펼치면 한반도의 북쪽으로 가는 통일의 길이 보이고
나진 선봉 경제특구를 지나 실크로드가 환하다
자작나무 삐죽삐죽 늘어선 시베리아 대륙횡단 철도를
철커덕 철커덕 타고 달리는 내가 있기도 한다

책 · 2

갑작스러운 이사로 소장했던 책의 절반을 또 버리면서
가슴 한 곳이 후벼 파지는 눈물을 흘렸다
마냥 아깝다는 마음에 다시 읽을 수 있는 곳에

실어다 드리려고 애를 써봤으나 세상은 많이 달라져서
사양하고 거절 받기 일쑤라 책이 짐이 되기만 하는
선물이 되는 시대라 다들 고개를 젓기에
끝내는 쓰레기로 폐기물로 버리게 되었다

내 가슴의 한쪽을 도려내는 듯
내 마음의 한쪽이 쓰레기장이나
폐기물 처리장이 되는 듯
책은 이제 이사를 할 때마다

버려야 하는 삶의 무거운 짐이 된다는 것을
생각해 보면 내가 죽으면 이 모두를 생각도 없이
미련도 없이 버리고 이승을 떠나야 할
부끄러운 짐들인 것을

책 · 3

시집 한 권이 또 부쳐져 왔다
40여 년 전 문·청 때 처음 만난, 지금은 이 나라의
의젓한 중견 시인이다
그냥 책상 위에 던져두었다

미명에 일어나 『기억은 볼 수 없어서 슬프다』고 해서
펼쳐 읽어보니 동백꽃을 '꽃 질 때 더 아름다운 저 생멸의 미학'
「자화상」이란 시집 첫 편에 수록된 시의 마지막 구절이다
마음에 와닿는다

우리는 이제 모두가
'저 생멸의 미학'에 관심을 가지는 나이가 되었다
우리라고 해서 꽃 피던 시절이 왜 없었겠는가
민주항쟁을 몸으로 헤쳐 온 세대, 민족의 통일은 더욱더
멀어진 것 같지만 자유민주주의를 바라보며 마을 회관
뒷방에 들앉아 막걸리 잔이나 기울이는 나이

동백꽃이 저렇게 '필 때 이미 질 것을 알고' '다소곳이'
지듯

우리도 해가 저물 듯 바람이 이울 듯
그렇게 지고 있을 뿐, 차마 지고 있는 것이 아니라
여물고 있을 뿐…!

* 이월춘의 『기억은 볼 수 없어서 슬프다』.
* 「자화상」, 동백꽃, '필 때 이미 질 것을 알고', '다소곳이' 등은 이월춘의 시집과 시에서 차용함.

책 · 4

책이 귀해서 읽고 싶어도 책을 구하지 못해
밤하늘만 쳐다보던 시절이 나에게는 있었다

내 인생은 이제 오나가나 책이고 앉으나 서나 책이다
어디에 가도 읽을거리의 책이다

쌓이는 책들을 보며 쌓여 있는 책들을 읽으며
책들에 둘러싸여 책더미에 묻혀

밤하늘을 볼 여유가 없다
단풍을 감상하러 가을 나들이 갈 시간이 없다

책 · 5

국정교과서를 읽다가
참고서를 읽다가
전공 서적을 읽다가
문·사·철文·史·哲을 읽기 시작했다

책을 읽는 일이 사람이 살아가는 한평생의 길이라 치면
태어나 아장아장 방 안을 걷다가
마당 길을 걷다가 목적지를 갖고 마을 길을 걷다가
발길이 가는 대로 무작정 산책길을 걸었다

한평생 잘 먹고 잘살기에는 목적지를 갖고 걷는
길만을 걷는 길이 행복할 수도 있겠지만 행복은 그러나
마음에서 우러나는 일이어서 마음이 가는 대로 발길이 닿는 대로 걷는 길이 더 행복할 수도 있다

학교를 나와 문·사·철을 읽으면서도
전공 서적 또한 여기에서 비롯되고
참고서와 국정교과서도 모두 여기에서
사람의 자유로운 마음에서 비롯되었음을 읽는다

* 문·사·철文·史·哲: 소위 돈도 밥도 칼도 안 된다는 문학, 사학, 철학을 말함.

덕천강 · 14
　- 내 친구 아무개 씨

　초등학교 동기 부부로 덕천강가에 터전을
　잡고 한평생을 살아온 내 친구 아무개 씨는
　요즘 들어 할 일이 별로 없어져서 살이 찌고
　노년 실업자가 되었다고 푸념이다

　부부가 둘 다 덕천강가에서 태어나
　덕천강에서 살아가는 물고기들을 유망이나 자망, 투망,
　통발로 잡아서, 찾아오는 고향의 입맛들을 즐겨주며
　4녀 1남을 건사하고 이제는 그냥저냥 살만해졌는데

　쏘가리 꺽지 메기 갈겨니 누치 모래무지 돌고기 버들치
　쉬리 탱가리 종자개 피라미 먹지 동사리 빠가사리들이
　덕천강에서는 이제 보이지 않는다고 한다 가장 큰 원인은
　무분별한 하천공사로 인해 고기가 살만한 집이 강바닥에
　없어졌다고 한다 그나마 겨울 낮이면 떼를 지어 물의
　양지 쯤을 찾아다니던 갈겨니 피라미 먹지 떼들은
　갑자기 우리나라에 날아든 가마우지 떼가 다 잡아먹고
　어쩌다가 통발 속에 들어온 물고기들은 수달 가족이 쳐들어와
　다 먹어 치우는 바람에 빈 통이 되기 일쑤라 한다

이제는 어디서나 양식이 되어 상인들이 들여다 주는
향어나 메기 자라 등 속이나 받아서 부부가 팔아가며
외손자의 재롱이나 지켜보며 허구한 날 사라져 버린 일거리를
안타까워하며 노년의 여유를 즐기고 있을 뿐이라 한다

덕천강 · 15
　－저 산그림자

나 죽고 없어도
탁영대(濯纓臺) 앞 저 강물 흘러갈 것이다

나 죽고 없어도
탁영대(濯纓臺) 앞 강물 속 저 산그림자
저렇게 드리우고 있을 것이다

* 中山 曺鷹善 丘鎬 박사의 詩 「강 언덕 나무처럼」을 읽고,

덕천강 · 16
-'동학농민혁명 영남지역 발상 기념비' 앞에 서서

하늘을 모셔야 합니다
사람이 곧 하늘입니다
농사는 하늘 아래서 가장 큰 근본입니다
나라를 지키고 백성을 편안케 하며
밀려오는 서양의 문물을 물리치고 파도처럼 저렇게
달려드는 외세를 단연코 물리쳐야 우리를 지킬 수가 있습니다
129년 전, 이곳 내대리에서 백낙도 대접주께서는 500여 명의
동지들을 앞에 하고 두 주먹 불끈 쥔 채 높이 쳐들어 외쳤습니다
조정의 부정부패를 척결하라 척양척왜 보국안민
1894년 음력 4월 초순 그때의 그 외침들이 모여
덕천강을 이루고 덕천강을 따라 항일의병전쟁이 일어났고
형평사 운동이 되었고 항일독립운동이 되었고
민주화운동이 되었고 오늘날의 인권운동이 되고
지구환경생태운동이 되고 사회발전운동 정신의 밑거름이 되었습니다
거슬러 올라가 보면 임술년 진주농민운동의 정신이 새겨진 땅에서

'동경대전'을 읽어보시라 '용담유사'를 읽어보시라
언제 우리가 하루라도 편한 날이 있었던가요
지리산처럼 웅장한 말씀들에 담겨진
하늘을 모셔야 합니다
사람이 곧 하늘입니다
나라를 지켜 튼튼히 하고 백성을 늘 편안케 하며
때로는 외세에 저항해 오랑캐들을 물리치기도 해야 하며
우리 것을 지키고 우리 것을 가꾸는 일이 나의 마음을 가꾸고
나의 본성을 잊지 않는 일이 되는 것이라고
129년 전에 백낙도 대접주께서는 여기 이 자리에서
두 주먹을 불끈 쥐며 우리와 함께 높이 쳐들어 외쳤던 것입니다
다 같이 이 나라의 부정부패를 척결하라 보국안민 척양척왜
척양척왜 보국안민 이 나라의 부정부패를 척결하라!

잘 가시게
　-率談 閔永寅에게

　그렇게도 갈 길이 바빴던가, 사람아
　이제는 훨훨 날아가시게
　가시는 곳 거기는 아픔도 슬픔도
　외로움도 쓸쓸함도 없을 곳이니, 가서는
　돌아오는 이 아직 그 누구도 없었으니

　솔담! 한 번이라도 우리 살아온 과거사를 훅 까놓고
　　소주잔이라도 나누며 이야기라도 한 번 해볼 걸 그랬었나?
　겨우 칠 년을 만난 인연, 이것도 인연이라면
　이승에서는 크나큰 인연인 것을, 그래 어쩌자고
　이렇게 섭섭한 채 가시기로 했단 말인가!

　날씨는 장마철로 접어드니 무덥고 구름 사이로
　언뜻언뜻 하늘은 맑아져 오는데 이별이라니
　가시는 길 그리 불편치만은 않을 듯하네
　가시는 길에 걸리적거리는 것 있다면 모든 것들은
　버려두고 가시게 젊은 날의 그 찬란했던 旅程과 女人들

다시는 만날 수 없는 사람아, 솔담

오 년 차의 선후배로 우연히 만나 서로 간에

별 의견 충돌 없이 지난 칠 년간 같은 일을 하고 살았다는 생각에

가볍게 보내줄 수가 있을 것 같네 참으로 가까운 길이다만

가다가 쓸쓸하거든 언제든 다시 한번 돌아다봐 주시게, 솔담

(2023. 6. 24. 故 솔담 민영인 발인 날 새벽에)

* 참 잠들 수가 없다. '형! 밤새 아파서 병원에 가 봐야겠다'던 마지막 그 음성이 들린다. 그게 마지막이라니. 평소에는 전혀 건강에 문제가 없어 보였기에 충격, 그 자체였다만, 어쩌랴! 이것이 우리들 삶의 현실인 것을. 잘 가시라, 친구여. 솔담 민영인(1964~2023. 6. 22): 2016~2023. 6. 22. 산청군문화관광해설사로 함께 일함.

아! 박구경 시인

내 젊은 날 문학의 시절
누님이었고 고모였고 어머니였던 시인
결코 나만이 아닌 주변 지역 모두를 불꽃으로 산
시인, 정열의 시인, 아. 이제는 고 박구경 시인
밤새 술을 마셔도 자세는 하나 흐트리지 않았다
서울로 제주도로 전라남북도로 강원도로 충청남북도로
경상남북도로 부산 창원으로 전국의 문학 행사장을
우리는 찾아다녔고 당대의 유명 인사들을 밤을 새워가며
만났다 십여 년 넘게 휘몰아쳐 다니다가
서로 간의 가정사에 변동이 생기고 일자리가 옮겨지면서부터
우리는 점차 만남의 횟수가 줄어들었다
전화나 주고받으면서 언제 한번 만나자며
안부나 나누다가 전화를 끊었고, 지금 생각해 보니
그때부터 우리는 늙기 시작했었나 보다
또 한 해의 봄날은 오고 있는데 내가 지독한 독감으로
이승과 저승을 밤과 낮을 바꿔가며 오락가락할 때쯤
어느 날 오전 갑자기 부고가 휴대전화 속으로 날아들었다
이제 다시는 만나지 못한다는 생각에 정신은
말갛게 비워지고 슬픔은 억장을 오랫동안 짓눌렀다

내 젊은 날 문학의 시대에
누님이었고 고모였고 어머니였던 정열의 시인
문학을 불꽃으로 산 시인 아! 박구경 시인, 본명은 박영숙
먼저 잘 가시라! 고통도 기쁨도 없는 세상으로!

* 故 박구경 시인(1956~2023. 3. 2)

산청·함양·거창 민간인 학살사건

 말이나 글로써 이야기할 수 있는 사건이 아니다 나라를 지키고 민간인을 지켜달라며 국민이 낸 세금으로 유지되는 군인들이 총구를 뒤로 돌려 '견벽청야'라는 이름의 작전 수행으로 죄 없고 순박한 노약자들을 골라 총으로 쏴 학살한 사건이다
 1951년 2월 7일(음력 1월 2일) 산청군의 금서면 가현 방곡 자혜, 함양군의 휴천면 점촌, 유림면 서주 외 주상 화계 손곡 화촌 마을, 합계 705명, 2월 9일부터 11일까지 거창군 신원면 719명, 합계 1,424명을 국군 제11사단 9연대, 국방부장관 신성모(무죄), 사단장 최덕신(무죄), 9연대장 오익경(무기징역) 3대대장 한동석(징역 10년), 계엄민사부장 김종원(징역 3년) 등이 저지른 엄격한 범죄행위다
 말로도 못하고 글로도 못 쓴 이야기가 된 것은 그때만 해도 나라가 저지른 범죄에 대해서는 무슨 일이든 토를 달면 빨갱이부터 되고 마는 희한한 반공법이 재갈을 물렸을 것이고 죽은 자는 언제나 말을 할 수가 없기 때문이었을 것이다
 아! 지난 70여 년을 이 기막힌 사건을 두고 보고 들은 사람들은 어떻게 살고 어떻게 숨 죽여 살아왔단 말인가? 만시지탄이라 늦어도 많이 늦었지만 돈으로 모든 것을 계

산하려는 자본주의 논리가 세상의 그 무엇이라도 목숨 보다 앞설 수는 없겠지만, 나라가 정식으로 잘못을 사죄하고 지금에서라도 하루빨리 나라가 그동안의 희생을 보상이든 배상이든 해주어야 하는 것이 살아남은 우리들의 몫이자 책무가 아니겠는가

장마 혹은 장맛비

모든 문제의 근원은 나에게 있다는 듯
빗줄기는 며칠째 방문 밖 마당에 서서
나에게 묻고 있다, 왜 사느냐?에서
시작해서는 왜 죽지 못하느냐?에 이르기까지
별별 것을 다 물어오기에 나는 귀찮기도 하고
때론 어이가 없기도 해서 사무실에 나가서는
낮잠 속으로 도피를 꿈꾸기도 하고
밤에는 이불을 턱 끝까지 끌어당겨 덮고는
아, 빗소리 그것참 듣기 좋다며 짐짓
눙을 쳐대며 깊은 단잠에 빠져보기도 하지만
분명한 것은 아침에 잠에서 깨어나 방문을
열면 아직도 빗줄기는 마당에 서서 삶에 있어서
모든 문제의 근원은 나에게 있다는 듯
무엇을 자꾸만 물어오고 있다는 사실이다

진주에서

그해 여름에는 남강에서 멱을 감기도 했다
무언가가 늘 그리웠고 배가 고팠고 가난했다
공부를 해야 한다는 생각에 자주 잠을 설쳤다

가을이 오자 남강은 축제로 출렁거렸다
그리움은 남강으로 나가 잠시 유등으로 떠 있거나
며칠간이라도 축제장의 애드벌룬으로 허공에 떠 있기도 했다

촉석루와 진주성, 진양호를 찾기도 했다 털모자나 장갑을 낀 채
겨울에는 비봉산을 자주 올랐다 눈이 오지 않는 남쪽의 분지 기후를
아쉬워하는 날에는 아침 운동을 늦게까지 했다

봄날은 망진산 봉수대 근처의 개나리 울타리로부터 왔다
책을 읽다가 잠깐 조는 사이 봄날은 눈앞까지 찾아와
남강가의 대숲을 더욱 푸르게 일렁이고 있었다

한참 동안

한참 동안 사랑했던 한 여인이 나에게도 있었다
가로수 잎들마저 지고 난 겨울 아침 잊힌 친구처럼
손님처럼 밤새 눈발이 다녀간 거리를 바라보며 늘
마음속으로 그리워했던 꽃잎 같은 한 여인이 있었다
푸른 가을 하늘이 더더욱 서럽다는 것을 나에게 일깨워준
여름날 싱그러운 풀잎 같은 여인이 나에게도 있었다
우우 밤바람 소리처럼 쉽게 잠들지 못하는 마을에서
젊은 날 밤새 몸 뒤척이며 한없이 그리워했던 한 여인이
나에게도 있었다 복사꽃 피어 있는 언덕길을 걷듯
아직도 아련한 추억의 아지랑이 봄날같이 피어나는
한참 동안 사랑했던 마음속의 한 여인이 나에게도 있었다

익산 왕궁리 유적지

오층석탑만 덩그렇게 남았다

왕궁이었다가

절이 되었다가

폐사지廢寺址가 되었다

왕궁리 유적지로 남았다

모란꽃은 지고

모란꽃이 진다 함박꽃이 피어나리라
함박꽃 피면 그니 소식 오려나

매화가 눈 뜨는 소한에서부터
봄바람이 불어 곡우가 되자 모란꽃이 피더니

이제 한 잎 두 잎 모란꽃이 진다
그니의 뜰에서도 이렇게 모란꽃은 지고 있을까

함박꽃이 피어나고 있을까
하염없이 모란꽃이 지고 나면

온 산하는 또 푸르고 푸를 것이다
모란꽃이 진다 함박꽃이 곧 피어나리라

소주를 마시면서

오랜만에 술집에서
벗과 소주 한 잔을 마시면서
시를 안주 삼아 시대를 이야기한다
세상은 왜 이렇고 시는 어떻게 써야 하는가

시가 되어야 시라고 할 수 있고 어렵고
힘든 세상일수록 시를 써야 시인이라고 말하는
벗은 문학을 평론하는 문학평론가
승용차를 자가 운전해 다녀야 하는 요즘은

마주 앉아 주거니 받거니 술을 마실 자리가
그리 많지 않은데 연말이라 오늘은 운전해야 할
차 없이 늦도록 1차 2차 3차까지 쏘다니며
12.3 비상계엄과 대통령 탄핵소추

헌법재판관 임용과 국무총리 탄핵소추를
이야기하며 시인의 마음가짐을 이야기하고
시를 이야기하며 시를 쓰게 하는
시대를 이야기하며 소주를 마신다

4

베롱나무꽃 그늘에 앉아

동의보감촌

 천 년 후에도 동의보감촌은 지금 이대로 남아 있을까
 엑스포 주제관 앞 잔디광장 푸름을 더해가는 오후
 대장간의 쇠망치 소리 왕산 필봉산을 울리고 산청 한의학박물관
 앞 범학리 3층 석탑 복제 복원 탑 천년 후에도
 날렵한 지붕돌 모서리와 기단의 각 면 8부 신중(神衆) 온전할 수 있을까

 일본이 독도를 자기 땅이라고 우기듯 또다시 우리 땅을
 강점하고 미국이 핵우산으로 한반도 전역을 덮어버리고
 중국이 상품으로 무역으로 인해전술로 우리의 안방까지 점령을 하며
 우리가 남북통일을 굳이 못 하더라도 동의보감촌은
 천 년 후까지도 지금 이대로 굳건하게 지켜낼 수가 있을까

 백두산에서 발원한 단군(檀君) 이야기 기운(氣運)이 태백 준령을 타고 와
 지리산 왕산을 거쳐 석경 귀감석 복석정에서 사람들께 꽃을 피우듯
 삼족오의 기상 하늘을 날아오르듯 동의문 보감문 태평

새가

   대한민국을 호령하듯 허준 선생 오장육부(五臟六腑) 산책길이며 3루(樓)
   9정(亭)의 그 모든 약초 기운들이 늦가을에는 구절초의 약효로 맺혀

   하늘다리(무릉교)가 치올라 하늘을 가듯 왕산 필봉산의 정기
   산청군민의 가슴 가슴에 스며들어 동의보감촌은
   천 년 후에도 지금의 땀 냄새 흙냄새를 기억해 줄까
   인걸은 간데없고 산천은 의구하다 했는데 70여만 평
   동의보감촌은 아, 천년 후에도 지금 이대로의 모습으로 남아 있을까

구절초

음력 구월 구일에 약효가 가장 뛰어나다고 구절초라
부르는 꽃, 단오에는 다섯 마디 중양절에는 아홉
마디가 된다는 구九와 중양절의 절節, 꺾는다는
절折 자로 산국 감국 뇌향국 갯국화 개미취 쑥부쟁이
와 함께 산에 들에 피어나는 들국화, 구월에서 십일월
까지 허준 순례길에 소금을 뿌린 듯 산청탑라이스를
흩어놓은 듯 동의보감촌 산언덕을 하얗게 덮는 꽃
지난겨울부터 올여름이 다 갈 때까지 산비탈을 누비며
솔숲을 훑으며 정성 들여 가꾼 일꾼들의 땀방울이 맺혀
다가갈수록 향기로운 꽃, 왕산 필봉산의 좋은 기운이
마디마디 배어 있어 볼수록 정감이 피어나는 꽃
몸을 따듯하게 하고 부인병이나 신경계 질환에 좋아
선모초仙母草라고도 하는 구절초, 구절초하고 이름만
불러도 온몸에 생기가 돌아 힘이 되살아나는 꽃, 구절초

들꽃

햇볕이든 그늘이든
천둥 치듯
번갯불 치듯 세상을 떠돌다가

별빛에 젖어
샛바람에 실려
비 오는 아침 산책길까지

찾아와
나에게 자꾸
이야기를 걸어온다

나는 외로운 늑대

녹음방초 우거진 동의보감촌의 점심시간
허준 순례길 오장육부길을 걷고 있는 나는
오늘도 영혼이 배고픈 외로운 늑대 한 마리
흐리고 습하고 무더운 여름날의 공휴일
승용차 관광버스로 주차장은 가득 차서 넘치고
정작 영혼을 살찌우는 아름다운 이야기 하나
찾아내지 못하는 나는 한 마리 외로운 늑대
관광객 관람객 사이를 헤치며 사람들의 발길
뜸한 점심시간 한때를 한없이 유영遊泳하고 있다
분수대 폭포에서 내뿜는 물줄기들을 친구삼아
턱밑까지 차오르는 더위를 이따금 씩
물리치며 배고픈 이리떼처럼 나는 허기진
영혼을 달래가며 석경 귀감석 복석정을 찾아가고 있다
지나는 길목에 만나는 정자들이며 누각들
해부동굴이며 무릉교는 마음을 잠시 쉬어가는 곳
바람이 불어오든 불어오지 않든 거쳐야만 지나칠 수
있는 나에게는 참새의 방앗간
아무래도 칙칙한 욕망들을 가슴 속에 억누르며
겉으로는 점잖은 발걸음으로 두 손을 휘휘
내저으며 헛헛한 영혼이며 가녀린 정신 달래가며

우리들 생명의 근원인 기를 찾아 기바위를 찾아
2,316,000㎡ 동의보감촌의 점심시간을 걷고 있다

배롱나무꽃 그늘에 앉아

비가 오는 날에는 가지 아래로
사람들이 몸을 피해 우산이 되어주기도 했던
꽃나무, 바람이 부는 날이나 햇빛 쨍쨍한 날에는
비틀대는 내가 몸을 지탱하기 위해 지팡이 삼아
잡거나 그늘이 되어주곤 하던 배롱나무꽃 나무

사람은 죽으면 지수화풍地水火風으로 사라진다는
말씀, 그대로 보여주듯 한 줌의 재가 되어
수목장樹木葬이 되어버린 스승
아, 나도 죽으면 저와 같이 편안하게
흔적도 없이 깊은 잠에 들 수가 있을까

백 일 동안은 연이어 꽃으로 피어나기에 화무십일홍花無十日紅이란
말을 무색하게 만드는 꽃, 간지럼을 타기도 하기에
간지럼 나무라 불리기도 하고, 선비나 조상의 무덤가에
서원이나 향교의 뜰에 심어져 가문이나 정신의 내력을
보여주기도 하는 충효忠孝의 꽃, 배롱나무꽃 그늘에 앉아

점심

쉬어 넘는 고갯마루

도토리를 문 다람쥐

김밥을 먹는 나를 쳐다본다

우슬牛膝

　쇠물팍이라 불렀다 여름날 타작마당 그늘나무 한편에 드러누운
　누렁소의 쭉 뻗고 있는 다리의 무릎이 줄기의 마디와 꼭 닮았다 한다

　녹음이 무성한 여름날보다는 찬바람이 불기 시작하는 늦가을이나 겨울날의
　마른 줄기가 눈에 더 잘 뜨이는 쇠무릎은 밭 가나 길 언덕에서 주로 자란다

　오행으로는 수水에 해당되어 신장이나 방광에 좋고 검은색이며 짠맛이고
　겨울이며 북쪽이라 하여 뼈에도 좋아 접골초라 부르기도 한다

　산밭을 오를 때나 축담을 오르내릴 때 아이고 다리야!를 외치던 어머니는
　쇠물팍을 캐서는 해마다 음력 이월 스무날에는 약단술을 해 드셨다

* 우슬牛膝: 쇠무릎, 쇠무릎지기라고도 한다

아프다

아프다 상처도 없이 온몸이
몰매 맞은 듯 아프다
나에게서부터 우주로
우주에서부터 나에게로
뭐가 뭔지도 모르게 아프다
대학병원에 가 봐도 통증치료센터를
찾아가 봐도 병명도 없이 원인도 모르는 채
몸살 하듯 아프다 산과 들이
누렇게 물들어 가는 가을날 더러는
여물지 못한 호박덩이가 썩고
땡감이 떨어지고 벌레 먹은 밤이 떨어진다
벼 이삭들도 장마에 태풍에
벼락이나 번개를 머금은 대추도
석류도 맥없이 쓰러지고
쪽파만이 겨우 뿌리를 내리는 텃밭에
서서히 가을이 찾아오듯
온몸이 아프다 염증도 없이
우주에서부터 나에게로
나에게서부터 우주로

휘어져 있다

능수매화나무 가지가 땅으로 휘어져 있다

한옥 지붕 처마 끝이 하늘로 휘어져 있다

산책길이 좌우로 휘어져 있다

자세히 보면 하늘도 땅을 향해 동그랗게 휘어져 있다

거리에 나가보면 길도 꾸불꾸불 휘어져 있다

나도 마음이 조금씩 정든 사람에게로 휘어져 있다

팔이 품 안으로 휘어지듯

세상은 모두가 저마다 사랑하는 것들에게로 휘어져 있다

상사화

쉬는 날 지리산 대원사계곡 길을
걷는데 잎이 진 자리마다 연분홍
꽃은 피어나고 바람은 탑전까지
오르내리며 사람들을 불러들이고
스님 한 분 삭발을 막 끝내고
산문을 나서는데 잎은 지고
없어도 꽃은 피어나 먼저 진
잎들을 꽃은 마냥 그리워하네

환아정 換鵝亭

　조선시대에는 밀양 영남루 진주 촉석루와 더불어 영남의 3대 누각에 손꼽히던 정亭이다 선비들이 저승으로 갈 때 산음의 환아정을 보고 왔느냐? 고 저승사자가 물어서 못 봤다고 하면 되돌려 보내 환아정을 가서 꼭 보고 다시 오라고 했다는 이야기가 전해온다 왕희지가 황제외경경黃帝外景經을 도사에게 써주고 거위를 받았다는 중국 산음의 옛이야기에서 비롯된 이름이다

　조선을 건국하던 1395년에 지었다고 알려져 있으나 환아정은 조선왕조실록 등 기록들을 살펴보면 1461년경 제2대 산음 현감으로 온 심린이 처음 지은 것으로 보이고 1465년(세조 11년) 권근의 손자 권반이 환아정이라 이름하고 1496년 관포 어득강이 산음 현감으로 와 환아정이라 편액을 했다 한다

　1592년 10월 6일(음력)부터 진주성을 공격해 오는 왜군을 학봉 김성일 경상도 순찰사는 환아정에 주둔하며 오윤 등의 참모장들과 진주성 수성계책을 논의했다 50여 명의 선비들이 쓴 70여 편의 시판을 걸어두고 1597년 정유재란 때 창의했던 자리이나 끝내 소실되어버린 환아정

　편액은 석봉 한호의 글씨로 진주의 하응도가 보관하고 있다가 1608년 권순에 의해 중건된 뒤 다시 달았다고 한

다 1616년 정인홍의 손자 정릉鄭棱이 산음현감일 때 관포 어득강의 시판을 걸고 내암의 환아정시관중수기를 걸었다 근대화 과정에서는 산청공립보통학교로 사용되다가 1950년 3월 10일 밤 원인 모르는 화재로 완전히 불타버린 것을 재선을 마친 후 쉬었다가 삼선을 끝내는 이재근 군수가 2022년 6월 27일 소헌 정도준의 글씨를 달아, 환아정은 착공 일 년 만에 산청군청 뒤편에 다시 살아났다

약속

우리 모두 한 번 사는 인생 서글퍼지지는 말자며
오늘은 아내와 손잡고 대원사계곡 길을 걷는다
같이 살아갈 날들보다는 각기 헤어져 살아온 날들이
아무리 헤아려봐도 더 많아서 쓸쓸해지는 날
우리 서로 안타까워하며 우리 서로 두 손 꽉 잡으며
이제는 사랑을 기약하는 일조차 점점 부끄러워져 가는
생의 늘그막에서 우리 앞으로 살아가는 날들만큼은
어떤 날 어떤 난간이 닥쳐와도 서로 서글퍼하지는
말자며 손가락 걸어 맹세하며 대원사계곡 길을 걷는다

카네이션

어머니 아버지가 살아 계실 때에는 찬물 한 그릇
떠 드릴 줄 몰랐던 내가 카네이션 두 포기를
구해 들고 산소에 간다 비 그친 황톳길
이팝나무꽃들은 왁자지껄 피어나고 산철쭉은 지고 있다
밤새 고라니 몇 마리 달려간 발자국 길가에
선명하다 고사리 꺾는 사람들 몇몇은 벌써 다녀간 듯
차 지나간 바퀴 자국도 도장을 찍듯 찍혀 있다
아버지 어머니 살아 계실 때에는 변명 같지만
나는 한마디로 철이 덜 들었었던 것 같다
없는 돈을 긁어 쓰면서 책만 싸 들고 다녔었다
참된 인생 공부는 하지 않고 공부하는 흉내나
내면서 사람들 모이는 데 가서는 멀거니
세상을 구경이나 하는 사람으로 살았었던 것 같다
살아 계실 때에는 물 한 그릇 제대로 떠 드리지 못한
참회의 아픔 푸른 하늘에 비쳐 오늘은
어버이날 엎드려 절 드리기 전에 카네이션
두 포기 아버지 어머니 무덤 앞에 심는다

베트남 기행 · 2022년

하나

우기(雨期)라서 야자수 그늘 아래까지 비는 내리고
노천클럽의 음악 소리 음악 소리에 리듬을 맞춰
모인 사람들은 몸을 흔들거나 흥얼거린다
비로소 이국(異國)의 정취 내 가슴에 스민다

하얗게 입을 벌린 태평양은 노천클럽 전체를 집어삼킬 듯
달려오고 백사장을 거니는 나는 괜히 불안하다

둘

덥고 습하다 가만 앉아 있어도 목 줄기에 땀이 밴다
이런 땅 이런 하늘 아래서 저기 낚시를 던지고 있는
저런 사람들과
남은 인생 송한(한강)에서 살고 싶어진다

셋

하이반 고개
베트남도 여기서 남북으로 갈라진다
베트남이 남북으로 갈라져 싸울 때
전투가 가장 치열했던 한 많은 고개, 아직도 벙커는 남아 있어
사람들은 평화를 관광기념 사진으로 박는다
잔해들은 여전히 흉물스럽다
안개인지 구름인지 시야를 자욱하게 가리며
다낭의 해안 전부를 순식간에 삼켜 버린다

덕천강에 눈이 내린다

겨울 추위가 한풀 꺾이는 듯
눈이 내린다, 사그락사그락
가을 늦게까지 고향의 강 사업으로 강 안을
말끔하게 정리한 덕천강에 눈이 내린다

봄날 벚꽃 나무 가로수에서 벚꽃비가 날리듯
눈발은 덕천강에 솜 뭉치로 날린다
어두운 적막과 고요 속을
겨울 동장군이 도망을 치듯 눈발이 날린다

진주민란 때 신작로를 따라 초군樵軍들이
관솔불로 밤길을 헤쳐 길을 걷듯 이마에는
흰 무명 띠를 질끈 동여맨 채 발자국 소리를 내며
덕천강에 눈발이 펄펄 날린다

한겨울이 이제 지난다는 듯
눈이 내린다, 사그락사그락
잿빛의 산천을 하얗게 뒤덮으며 꽃비가 퍼붓듯
잔잔한 덕천강에 쓸쓸하게 눈이 내린다

목도리

추위를 막거나 멋을 내기 위해 목에 두르는
의류용 기다란 천, 우리나라에서는
신라시대에도 목에 두른 기록이 있다 하지만
나는 환갑이 다 지나서야 목에 두르게 되었다

젊어서 대학 다닐 때 같은 과
사내애가 겨울이면 목에 두르고 나타나는
애인에게 받은 목도리를 보고, 나의 로망이었다
버스킷이었다 언제 저런 걸 한 번 매보나

모든 걸 잊은 채 모든 걸 잊게 하며
세월은 가고 젊음도 가고
그 친구도 학자가 되고 박사가 되고
어딘가로 가서 어떻게 사는지도 모르게 되고

나는 환갑을 다 지나서야 겨울이면
목도리를 한다 아내가 사다 준 목도리를 하고
아내가 털실로 뜨개질한 목도리를
목에 두르고 한 해의 겨울을 난다

산

처음으로 산을 마주하고는 막막했습니다
앞에도 뒤에도 옆에도 산이라
산에서 먹을 것을 구해 오고 산길을 다니며
사람이 사는 법을 배우고 산속에서
하늘을 보고 산속에서 떠오르는 해를 보며
살았지요 그러다가 산을 오르기 시작하면서
막막한 삶도 언젠가는 속이 확 뚫리는 때가
온다는 것을 알았습니다 세월이 가면서
산을 오르고 내리면서
산 너머에도 사람이 살고 있고 길이 있고
세상이 있다는 것을 알았습니다
산 너머에서도 먹이를 구해오고 사람이 사는 법을
배우면서 살아가는 사람들의 세상이 있다는 것을
알았습니다 산은 정상에 오르는 일보다도
정상에서 내려오는 일이 더 어렵다는 것도
알았습니다 산은 하나만 있는 곳도 있지만
산이 겹겹이 첩첩이 놓여 있는 지역도 있다는 것을
알았습니다. 산의 정상에 올라
내가 걸어온 발자국들을 살피며
살아온 산 아래를 굽어보며 막막했던 시절을
생각할 때도 더러는 있다는 것을 알았습니다

5

만둣국을 먹으며

나물이에 다녀오다

사람들이 가고 나면 어디든 잡초만 무성한 것인가

물천서당勿川書堂

인지재仁智齋

물산영정勿山影幀 이택당麗澤堂

돌아드니 은행나무는 은행알을 길바닥 가득 쏟아 놓았다

더 나아가서 도양서당道陽書堂

발길 닿는 곳마다 그 어디에도 잡초가 무성하다

삼태 삼계를 찾아들어

어디를 가도 찾아오는 사람들의 발길 아직 끊이지 않는데

단구재丹丘齋에서 대하재大瑕齋까지

나는 왜 책 속에서 글이나 읽으며 노래나 할 수가 없는 건가

완계서원 두곡서당 단계 김인섭의 고택古宅

용담정사龍潭精舍 순천 박씨 권씨 고가

율수원聿修園도 있고 소북도 있고 삭비문數飛門도 있긴 하다만

이순신장군이 아침진지를 해 잡수시며 잠시 쉬어간 단계천변 백의종군로

공원에든 단계리 석조여래좌상 앞이든

서툰 발길 더듬어 찾아가서는 어디에 앉아 어떻게 정리

情理를 살펴야 하나

　원산源山이든 창안이든

　사람이 가야 할 길은 늘 하늘에 있고 땅 위를 오가는 세상사의 발길은

　바람이 그치고 비가 그치고 햇빛 쨍쨍한 늦은 가을이 오면 어김없이

　산과 들에는 아직도 오곡백과 풍성하다

* 나물이: 那勿이, 법물法勿이라고도 한다. 경남 산청군 신등면에 있다.
삼태: 정태丁台 진태進台 문태文台
삼계: 벽계碧溪 단계丹溪 원계院溪
완계서원: 浣溪書院. 충강공 동계 권도(權濤: 1575~1644)선생과 동산 권극량(權克亮: 1584-1631)선생을 모시기 위하여 건립된 서원으로 1788년(정조 12년)에 건립되었다.
두곡서당: 杜谷書堂, 1920년 단계(端磎) 김인섭(金麟燮: 1827~1903)의 후손들이 단계의 학식과 인품을 기리기 위해 건립하였다. 1946년에 낙성식이 거행되었다.
소북: 逍book, 逍書軒

쪽배

가랑잎 위

개미 한 마리

시냇물은 흘러 간다

삼각산 길상사三角山 吉祥寺

 바위 사이 골짜기 맑은 물이 흐르는 성북동 배밭골, 맑고 향기롭게 무소유 법정스님이 받은 7천여 평의 대원각, 김소산과 박헌영의 이야기는 아는 듯 모르는 듯, 당시 시가 일천억 원이 넘었다는 산비탈에 사람들 발길 아직도 가득하고 자야子夜 김영한金英韓과 백석白石 백기행白夔行의 기막힌 사랑 이야기가 전설로 자리 잡아가는 계곡 물소리는 권번의 기생과 요정의 여인들이 머물렀다는 적묵당 길상선원 안심료安心寮를 적시며 내 가슴속까지 벅차오르는데 경내를 들어서자마자 설법전 앞마당을 지키는 부처님인지? 성모 마리아님인지? 뾰죽하게 서 있는 관음보살 석상, 길상사칠층보탑, 극락전에 들면 아미타불과 지장보살 관음보살, 시주의 뜻이 온 세상에 종소리로 고루 퍼지기를 염원했다는 범종루, 사당祠堂에 는 이승의 마지막 밤을 길상헌에서 보낸 길상화보살이 머물고 계시는 듯, 진영각 옆 법정 스님 유골을 모신 곳이라는 표지가 꽂힌 흙 담장 아래 꽃밭에는 찾은 날따라 풀 한 포기 자라는 게 없어

만둣국을 먹으며

우리가 추구하는 민주화는
궁극적으로 남과 북이 하나로
통일된 나라에서의
민중 민주주의(NLPDR)였다

대학 개교 이래 처음으로
정문 앞에서는
전투경찰대와의 투석전이 벌어지는
오월이었다

수위守衛로 일하던, 고향
초등학교 선배의 손에 나는
손목이 붙들려
학교 앞 식당으로 끌려갔다

만둣국 한 그릇을 받아놓고
얼굴 가득 흐르는 것이
눈물인지?
땀방울인지? 콧물인지?

솔직히 고백컨대
나는 그날 이후 이때까지
그렇게 맛난 만둣국을
먹어본 적이 없다

* NLPDR: National Liberty People Democratic Revolution 민중 민주주의 혁명전선.
* 그 당시 민주화운동은 혁명 전선을 내포하고 있었고, 혁명 전선은 Civil Democratic Revolution 시민민주주의 혁명-National Democratic Revolution 국가 민주주의 혁명-People Democratic Revolution 민중 민주주의 혁명 순으로 이론적 발전을 거듭하여 마지막에는 NLPDR에 당도하여 이루어지는 일련의 혁명노선을 말한다.

아내의 기도

아내는 시詩를 쓸 줄도 모를뿐더러
읽을 줄도 모른다. 시중에 떠도는 말로
시詩도 신神도 신발끈도 모르는 무지렁이다

음력 초하루와 보름이면 빠짐없이 아내는
새벽마다 기도를 한다, 나를
운전기사로 부려서 천왕할매께 기도를 간다

남편의 무운장구를 빌기도 하고, 나쁜 일에 시달리지 말며
아프지 말고 착한 일만 하며 오래오래 살아달라고,
구순九旬을 지난 친정아버지의 노환이 빨리 완쾌되길 비는 것이다

나는 늦은 밤까지 시를 읽기도 하고 시를 쓴답시며
낮에는 돈을 찾아다니고 저잣거리를 쏘다닌다
때때로 신神을 들먹이며 신발끈을 조여 보기도 한다

 * 천왕할매: 지리산 천왕봉에 살고 있다는 지리산의 수호신 성모聖母

절망하다

젊은 시인이 보내온 시집을 펼쳐 읽다가
어려운 시 한 편에 절망하다
시가 어렵다, 시가 어렵게 쓰인 것인지?
내가 새로운 시를 읽어내지 못하는 것인지?
이해와 상상의 폭을 넓혀 다시 몇 번을 읽어봐도
선인들이 말한 독서백편의자현讀書百遍義自見이 되지를 않는다
은유와 상징, 대상을 인식하는 새로움
타성을 깨는 낯설게 하기의 진술
말의 그림자, 언어가 그리는 이미지의 상승적 긍정의 힘
알고 있는 좋은 시에 관한 이론이란
이론은 모두 다 들추어가며 읽어도 읽어낼 수가 없다
나는 거듭 절망한다
모르는 단어가 있는 것도 아니고
글자가 우리글이 아니어서도 아닌데 아무리 읽어도
시를 아무리 읽어봐도 무슨 말인지
도통 알 수가 없다
젊은 시 앞에서 거듭 절망하다

할미꽃

그대는 아직도 살아 있으니
축하한다는 듯 선산 오르내리는 이름 없는
무덤가에 머리가 하얗게 센 할미꽃이 피었다

나를 사랑한다는 말도 못 전한 채
너는 열여덟 순이로 신발공장에서
세상을 먼저 떠나고 말았다

평생을 철딱서니 없는 청맹과니로 객지로 떠돌다가
환갑 진갑 다 지난 종이호랑이로 고향에 돌아와
선산 자락이나 돌보며 산길 오르내리나니

그대는 아직도 살아 있으니 살아 있는 그것만으로도
축하한다는 듯 선산 오르내리는 이름 없는 무덤가에
고개를 잔뜩 수그린 할미꽃이 피었다

유등流燈

  내 전생前生이 남강 위에 저렇게 유등으로 떠 있다고 생각을 하면
  온갖 형상으로 전신에 불을 밝힌 채 강물 위에 떠 있다고 생각을 하면

  석양에 물비늘이 반짝이기도 하는 남강 물 위의 저 유등들은
  내가 죽고 난 뒤에도 한참 동안은 눈부신 아침 햇살에 저렇게

  저렇게 함양·산청 산골 물소리를 가슴에 머금은 채 임진·계사년의 혼령들이
  모여 '이 거리 저 거리 갓거리 "공평하라! 공평하라!' 아우성을 치다가

  우짜것노!? 우짜것노!? 밤이나 낮이나 마음 졸이다가 분노를 삭이다가
  저렇게 저렇게 고개를 숙인 채 지리산처럼 생각에 잠기기도 할 것이다

첫사랑

낚시질이 서툴다 생각했다 낚이는 고기가 없었다
낚싯대를 탓하기도 했다 미끼를 탓하기도 했다
물이 좋다는 바다에 가서도 늘 허탕이었다

전문가를 찾아가 자문을 구하기도 했다
낚싯대를 바꾸기도 하고 미끼를 바꿔 달기도 해봤지만
잡히는 것은 고작 버려야 할 잔챙이들뿐이었다

환갑이 다 되어서야 무슨 하늘의 인연이 닿았는지
도시 생활에 환멸을 느낀 한 사람이 덥석
불안한 낚시를 물었다, 이내 챔질을 했다

이렇게 시작된 첫사랑을 오늘 저녁에도
만나야 하는 첫사랑이자 마지막 사랑이라 생각하고
놓치지 않으려고 휘어진 낚싯대를 붙들고 발버둥을 친다

새벽시장

동트기 전에 하루치의 좌판을 펼치는
건강한 사람들을 만나러
싱싱한 새벽시장에 간다

5,000원짜리 해장국 한 그릇
1,500원짜리 막걸리 잔술 한 잔을 걸치고
밀림처럼 들어선 상가의 배불뚝이 주인이 나오기 전에
어둠을 열고 길바닥에 좌판을 깐다

어물전에는 눈을 뒤집은 채
얌전히 드러누운 생선 몇 마리
과일전에는 까먹기에 좋다는 조그마한
달콤한 귤 몇 상자 사과 배 몇 봉지

날이 밝아오면 이미 새벽시장은 아니지
날이 밝기 전에
값싸고 싱싱한 채소들을 만나러
새벽시장에 간다

선물膳物

아침 여섯 시
아내가 챙겨주는 아침밥을 먹고
아내와 함께 각기 다른 직장으로 출근을 한다

아내와 나는 둘 다 정년이 없는 직장에서
그날 못다 한 일은 휴일날로 미뤄가며
퇴근 시간까지 허둥대다가
저녁이면 출근 때와 같은 모습으로
제각각 퇴근을 한다

밤 동안은 오늘 하루를
저마다의 지게로 각각의 등짐을 져 나른다

저승에 가 계시는 양가의 부모님께
이렇게 사는 모습을 선물하고 싶다
사진을 찍어서라도 동영상으로 찍어서라도
잘살고 있다고,
우리 이렇게 잘 살아가고 있다고

가락지

은으로든 금으로든 두 짝을 한 쌍으로
손가락에 끼는 아녀자들이 혼인의 상징으로
성聖스럽게도 끼던 가락지

논개 이후 진주남강 남강다리 다릿발
다릿발마다 노오랗게 두 가닥으로 둘러쳐진 금테
촉석루 의기사(義妓祠: 논개 사당)에 호국 충절로 아로새겨진 단청 같은

전북 장수에 있는 주논개 생가에
관광지 마스코트로 한쪽에 쓸쓸히 서 있는
가락지

조선시대 이후다

군산群山 가서

선유도에 갔더니 폐허만 보였다, 내 눈에는
근대화 거리에서도 쥐똥 섬을 가는 길에도
새만금방조제를 달리는 차 창가로 보이는
좌우에 철썩이는 검은 바닷물, 사람들 발길
끊어진 해수욕장 하얀 모래톱 가에도, 대장봉을
올라가는 길, 장자교를 걸어 건너서
호떡집 늘어선 먹자 길 주변에도
바닷바람에 씻기어 너절하게 펄럭이는
폐허의 모습들만 보였다 점포임대, 매매, 빈집들
내던져진 우편물, 물 묻은 채 색바래진 고지서들
바람이 숭숭 드나드는 문짝들 틈 사이로 펄럭이는 광고 딱지들
나는 이런 것이 폐허가 되어가는 모습으로 보였다
군산에서 가장 오래되었다는 국일다방에 들렀더니
늙수그레한 장년 둘 바둑을 두다가 다투는 모습
또한 저무는 일몰처럼 황혼처럼
내 눈에는 세기말의 모습처럼 보였다
20세기 말에 그 어디서 보았던 아픈 기억 같은
내 눈에는 군산 시내가 온통 폐허가
되어가는 모습들로만 보였다

하늘에서 내려 주시다

 땅에서 사람이 태어나는 일을 生생이라 예부터 일러왔는데 위인偉人은 하늘에서 내려온다 해서 남명 조식선생의 신도비 두전頭篆을 자세히 살펴보면 날 생生 자字가 거꾸로 뒤집혀 있어 하늘에서 사람이 날아내리는 것처럼 보이게 써져 있고, 그의 제자이자 외손서外孫壻인 망우당 곽재우 장군은 붉은 옷을 입은 채 흰 말을 타고 다니셨다 하시니 땅에서 태어난 사람이 아니라 하늘에서 내려오신 사람이라 하여 천강天降이라 부르고 한평생 나라 걱정 우환을 이제는 잊겠다며 망우정忘憂亭을 짓고 단벌옷에 벽곡찬송辟穀贊松 거문고를 뜯으며 낚싯배 한 척에 돛을 나투셨다

울릉도에서

동해바다 망망하다, 울릉도에서 바라보면
우리들 저승길도 빤하다, 때아니게 파고가 높아
독도에 접안도 못 한 채 갔다가 오는 길 난생처음
뱃멀미로 선실을 이리저리 헤매던 목숨들아
우리들 인생이란 알고 보면 별거 아니다
나리분지에 올라 씨껍데기 막걸리 석 잔이면
기분 가득 취해서 길바닥에 나자빠지기도 하는 것
인생은 별거 아니다 부지깽이나물을 따서 삶으며
명이나물이나 뜯어 먹으며 살아보는 거다
마가목즙을 마시며 때로는 홍따밥을 지어서 팔며
살아보자 동해바다 막막한 울릉도에서 오징어를 잡아
오징어내장탕이라도 끓이며 먹물 빵이라도 구우며
굴을 뚫은 길 좁기만 한 길 팍팍한 오르막길
내리쏟는 내리막길을 지날지라도 울릉도에서는
사는 거 별거 아니다 미로 같은 인생길 저승길마저
환해진다 시간 내어 해안 길을 그냥 산책이나 하듯
괭이갈매기나 벗하며 아련한 동해바다 바라보며
숨이나 한번 고르게 쉬어가며 살아보는 거다

고백告白

천 년이 넘게 지나도록
하고자 했던 말들은
가을이 오면 덕천서원德川書院 앞 은행나무
은행나무 잎으로도 허공을 날아다니고

은행나무 속이 까맣게 타도록 대원사大源寺
원통보전 단청 색이 바래지도록 그리움은
사리전舍利殿 오르는 월정문月頂門 옆 배롱나무 가지 끝에
바람이 일듯 날마다 새로워지느니

어느 날 지리산 천왕봉 천주天柱가
뚜벅뚜벅 사바세계로 걸어 내려와
덕천강 물고기가 깃드는 물속의 바위로도
마당의 돌탑으로도 우뚝 자리하게 되느니

문술 아재 전동차

오늘도 문술文述 아재 전동차 나가신다
아지매를 잃으신 지도 벌써 십여 년이 지났다
아들 둘 딸 하나 혼자서 차례차례 혼인시키고
이제는 집에 홀로 남아 마을길 나들이도 불편해 하신다

들길도 아스팔트 길도 전동차는 한결 자유롭다
운전자가 자유로운 만큼 다니는 전동차를 보는
사람들은 늘 위태위태하다 큰아들이 효도 선물로 사다 준
문술 아재 전동차, 오늘도 마을 회관으로 논·밭으로 나가신다

전동차는 네 바퀴로 가지만 운전은 사람이 한다
두 바퀴로 가는 자전거보다는 쓰러지지가 않아서
언뜻 생각하기에 따라서는 덜 위험해 보이기도 하지만
실상 사고에는 훨씬 더 취약하고 치명적이다

팔순에 가까워진 노인이 자동차 운전면허를
딸 수는 없어, 그렇다고 늘 상 걸어 다닐 수도 없는 것이
지역에서의 노년의 삶, 면사무소로
오일장으로 내일도 문술 아재 전동차는 달릴 수밖에 없다

청사포 靑蛇 · 淸沙 · 靑沙浦

늦은 봄이라고 했다, 누군가는
초여름이라고도 했다

69층까지나 올라간 빌딩 사이로 좁은 골목길이 하나 나
있어
그 골목길 끝에서
푸른 뱀 같은 바다가 열리고
미역을 혀처럼 날름거리는 푸른 바다가 열리고
밀려오는 파도에 휩쓸려 용왕님이 보내오는
뱃일 간 남편의 소식은
모래가 사라진 몽돌밭을 맑은 날에도 흙탕물로 반짝이
게 했다

누군가는 초여름날이라고도 하고
또 누군가는 늦은 봄날이라고도 했다

청사포, 달맞이 고개로 올라가는 오른쪽
소나무 숲 가에 다릿돌 전망대, 청사포

나는 커서

나는 커서
꽃밭에서 꽃에 엉기는 꿀벌이 될래

나는 커서
꽃밭에서 나비를 부르는 꽃이 될래

나는 커서
꽃밭에서 꽃을 피우는 봄바람이 될래

나는 커서
꽃밭에서 꽃을 키우는 사람이 될래

눈물

흐르는, 흐르는 아픔의 결정체
누군가는 흐르는 슬픔의 순수라고,
사랑을 위해 평화를 위해

기억의 저편을 건너가
둑방 길을 걸으면 그저 감동으로만 이슬 맺히는
하얀 찔레꽃 붉은 장미꽃

피서를 갔던 그해 여름의 지리산 속
어느 산골짝, 삶은 늘 빈손이었고 인생은
가난이 전부라고 이야기했었다

겨울 흰 눈이 세상을 덮으면
흐르는, 흐르는 슬픔의 결정체
흐르는 아픔의 순수, 그 자체라고 했었다

금만초등학교

쇠마이든 금만이든 묘동이든 묏골이든 자리했던
들녘의 옛 이름이야 그게 뭐 그리 대순가

운동장 가에 오래된 플라타너스 몇 그루 늘 왕매미가 붙어
여름날 더위를 물리치며 노래를 부르고 구구단을 외우던 교정

솔섬 강변에 가 돌과 모래를 선·후배들과 줄지어서 날라 와
시나브로 시나브로 꽃밭을 만들었던 당대 최고의 화단

교실도 화장실도 온실도 운동장도 모두 사라지고
역사 속으로 추억의 앨범 속으로 점점 사라지고

빈터만 남았습니다 학생들의 발길 끊어진 금만국민학교 자리에
이제 봄날 들꽃이 피어납니다 빈터에 봄날 들꽃이 만발합니다

배경 화면

사진을 박다 보면 배경 화면을 찾아서 고를 때가 있다
배경 화면이 좋아야 사진빨을 받기 때문이다

유명해진 독지가 한 분을 방영하는 독립영화의 한 장면에
젊은 날의 내가 배경 화면으로 나와 있다 이걸 우연히
방송에서 한 장면으로 보게 된 내 가족들·지인들이 두 시간짜리
주인공인 독지가의 인생 이야기는 저마다의 마음속에
간직해두고 배경 화면에 나온 내 얼굴만 온통 화젯거리다

다큐 영화를 찍을 때는 주인공의 발자취를 따라가다 보면
자연스럽게 배경 화면이 잡힐 때가 있기 때문이다

* 나의 젊은 날, 이십여 년 전 모습이 TV화면의 배경 화면으로 찍혀 나왔다. 진주에서 『형평문학』을 창립할 무렵에 찍힌 영상을 붙여 놓은 때문이다.

발문跋文

  대한민국 법으로 노인이 되었다. 착잡한 마음이 들었다. 솔직히 나는 늙지 않을 줄 알았다. 아니, 늙을 거라는 생각을 안 하고 살아왔다.

  환갑 무렵에 종합병원에다가 몸을 맡겼다. 아프다는 것은 참 쓸쓸한 일이다. 참, 늦게도 만난 아내에게 큰 도움을 받았다. 나의 몸은 이미 나의 몸이 아니었으므로. 지금은 그때보다 훨씬 나아졌고, 정신도 건강해졌고, 힘도 나아졌다. 아내에게는 무한한 고마움을 갖고 있다.

  그러나 언제 또 내가 이승을 영원히 떠날지도 모르겠다는 생각이 가끔 들기 시작했다. 말하자면 죽음이란 게 결코 멀리 있는 것은 아니구나 라는 생각을 본격적으로 하기 시작했다. 2020년 네 번째 시집 『덕천강』을 내고 난 이후다.

  나는 이제 이 시집 『휘어져 있다』를, 내가 내 손으로 내는 마지막 시집일 수도 있다는 생각으로 준비를 한다. 마침 이민호 雅兄이 출판비를 마련해 보겠다는 이야기를 전해 왔다. 나에게는 참으로 고마우신 분이다. 시집 제목을 시 한 편의 제목에서 따온 것은 내가 보고 느끼는 모든 것이 휘어져 있기 때문이다. 내 시를 읽어 주는 이가 없으니 책을 만들어 줄 출판사가 있을 수 없다. 그러니

내가 출판비를 마련치 않으면 책으로 묶을 수가 없고, 그러면 이 부끄러운 글들은 흩어져 더욱 세상을 어지럽힐 것이다. 이렇게 묶어서 내놓으면 그나마 좀 정리를 해놓는 것 같은 생각이 드는 것은 나만의 생각일까.

사람들이 읽어주든 말든 그냥 묶어 내놓는다. 부끄러움을 던다는 생각이다. 새해부터는 글을 써내는 일에도 자제할 생각이다. 죽고 나면 이 모두가 부질없는 일이 아닐 것인가. 역시 이 시집에 해설은 붙이지 않는다. 시가 그냥 쉽고 무거운 생각이나 심오한 경지를 이야기하지는 않기 때문이다. 편하게 읽어주시면 그저 고마울 따름이다.

이 시집은 이와 같은 사연을 갖고 만들어진다. 출판사와 출판사에서 책으로 만드는 일에 힘을 쓰시는 분들, 출판비를 만들어주신 이민호 시인과 경남문화예술진흥원 관계자분들께 감사를 드린다.

시집을 내면서 이 시집을 읽으시는 분들에게, 나의 가족들에게, 먼저 가신 분들에게, 지상의 모든 목숨들에게 살아 있는 날들의 모든 아름다움을 얹어 고개 숙여 감사의 인사를 드린다.

광복 후 두 번째 을사년 봄에
다영양곡 양일동 절 드림.

양 곡 시집
휘어져 있다

2025년 7월 1일 초판 인쇄
2025년 7월 5일 초판 발행

지은이 / 양일동(필명: 양 곡)
발행인 / 강병욱

발행처 / 도서출판 교음사

03147 서울 종로구 삼일대로 457 수운회관 1308호
Tel (02) 737-7081, 739-7879(Fax)
e-mail / gyoeum@daum.net

등록 / 제2007-000052호

* 잘못된 책은 바꾸어 드립니다. 값 10,000 원

ISBN 978-89-7814-045-4 03810

후원

  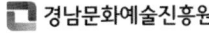

이 도서는 경남문화예술진흥원의 문화예술지원을 보조받아 발간되었습니다.

- 이 책 내용의 전부 또는 일부를 재사용하려면 저작권자와 교음사의 동의를
  받아야 합니다. 지은이와의 협의 하에 인지는 생략합니다.